# BEI GRIN MACHT SICH IHR WISSEN BEZAHLT

AF138535

- Wir veröffentlichen Ihre Hausarbeit,
  Bachelor- und Masterarbeit

- Ihr eigenes eBook und Buch -
  weltweit in allen wichtigen Shops

- Verdienen Sie an jedem Verkauf

## Jetzt bei www.GRIN.com hochladen und kostenlos publizieren

# Veränderungen digitaler Kompetenzen durch generative KI im Zeitalter der Wissensgesellschaft

## Eine kritische Auseinandersetzung mit generativer künstlicher Intelligenz

Kai Tobias Willam

**Bibliografische Information der Deutschen Nationalbibliothek:**

Die Deutsche Nationalbibliothek verzeichnet diese Publikation in der Deutschen Nationalbibliografie; detaillierte bibliografische Daten sind im Internet über http://dnb.d-nb.de abrufbar.

ISBN: 9783389093689
Dieses Buch ist auch als E-Book erhältlich.

Druck und Bindung: Books on Demand GmbH, Norderstedt Germany
Gedruckt auf säurefreiem Papier aus verantwortungsvollen Quellen

Das vorliegende Werk wurde sorgfältig erarbeitet. Dennoch übernehmen Autoren und Verlag für die Richtigkeit von Angaben, Hinweisen, Links und Ratschlägen sowie eventuelle Druckfehler keine Haftung.

Das Buch bei GRIN: https://www.grin.com/document/1522522

# Studienarbeit zum Modul Digitale Kompetenzen

**Studiengang**: Informatik

**Modul bzw. Unit**: Digitale Kompetenzen

**Name**: Kai Tobias Willam

**Datum**: 16.10.2024

# Inhaltsverzeichnis

# 1 Einleitung

Ziel dieser Studienarbeit ist es meine eigenen digitalen Kompetenzen unter Beweis zu stellen. Dies nicht in Form von Programmierleistung oder Softwareentwicklung, sondern durch die Nutzung von aktuellen digitalen Tools und Hilfsmitteln beim Schreiben eines Essays über generative künstliche Intelligenz. Hierbei gab es die folgenden Vorgaben bzw. Fragen zu beachten:

- Beschreiben und argumentieren Sie, wie die gesellschaftliche Entwicklung durch die neuen Tools und Technologien rund um generative AI sich wohl fortsetzen.

- Was verstehen Sie unter „digitalen Kompetenzen" und wie verändern sich diese durch Technologien und Tools rund um generative AI?

- Was müssen Arbeitnehmerinnen und Arbeiternehmer beachten, um diese Tools sinnvoll im Arbeitsalltag einsetzen zu können?

- Nennen Sie Beispiele dafür, wo im Unternehmen bereits solche Tools erfolgreich eingesetzt werden und welche Vor- und Nachteile sich daraus ergeben haben.

Ich entschied mich folglich die Fragestellungen nicht der Reihe nach abzuarbeiten, sondern über ein aktuelles Thema zu berichten.

Die Tatsache, dass sich digitale Kompetenzen derzeit verändern, ist meiner Meinung nach unumstritten. Kognitive Fähigkeiten werden zunehmend vernachlässigt, KI-Tools gehören inzwischen zum Alltag und verdrängen schleichend wichtige digitale Kernkompetenzen. Doch welche Kompetenzen sind hiervon am stärksten betroffen? Wer genau profitiert von der generativen künstlichen Intelligenz und wie genau verändert dies unsere Gesellschaft in Bezug auf Bildung, Sozialstrukturen und Arbeit? Im folgenden Essay werden diese Fragen beantwortet.

## 2 Veränderungen digitaler Kompetenzen durch generative KI im Zeitalter der Wissensgesellschaft

### 2.1 Einleitung

Gerade erst mit dem Nobelpreis ausgezeichnet und vielfach gefeiert und gefürchtet. Dystopie und Utopie zugleich hat uns die künstliche Intelligenz inzwischen erreicht. Oder doch nicht? Ist die Technologie derart revolutionär, dass sie ein neues Zeitalter einläutet? Oder führt sie die Bequemlichkeit, u.a. der Generation Z[1], mit Hilfe neuer digitalen Kompetenzen auf ein neues Level? Dieses Essay versucht die Vorteile und Nachteile explizit im sozio-ökonomischen Bereich kritisch aufzuzeigen.

### 2.2 Digitale Kompetenzen im Zeitalter der generativen KI

Bereits als Kind werden die ersten digitalen Kompetenzen erworben. Spielerisch, empirisch werden die „magischen Technologien" von Kinderhänden entdeckt und gliedern sich als Selbstverständlichkeit in deren Alltag und das Lernen ein. Digitale Maltabletts mit integriertem Speicher, die ersten Lernapplikationen auf dem iPad und vieles mehr führen zu einem sicheren Bedienen und können (verantwortungsvoll eingesetzt vorausgesetzt) zu verbesserten Leistungen führen. Die ersten digitalen Kompetenzen wurden geschaffen. Impliziertes unbewusstes Wissen und Handlung aus Erfahrung ist hier jedoch der Regelfall. Dennoch, so behaupte ich, ist es das Ziel eines jeden das implizierte unbewusste Wissen in explizites (Fach)-Wissen zu wandeln. Eine umfangreiche technische und humanistische Bildung ist hierfür die Grundlage.

Da wir uns jedoch im Zeitalter der Wissensgesellschaft in einem Long-Life-Learning-Prozess (OECD, 2007) befinden ist es notwendig das technische, humanistische sowie explizit ein ethisches Verständnis für die neuen digitalen Kompetenzen zu erwerben.

Doch welche digitalen Kompetenzen verbleiben, wenn die Nutzung von generativen künstlichen Intelligenzen zur Gewohnheit wird?

Ich behaupte, dass digitale Kompetenzen massiv durch die generative KI geschwächt werden. Die Basisfähigkeit zur Nutzung (implizites Wissen/Verständnis vorausgesetzt)

---

[1] Als Generation Z werden Menschen mit einem Geburtsjahr zwischen 1995 und 2010 bezeichnet. (Pham et al., 2024)

bleibt bestehen, doch es entsteht ein gefährliches Phänomen: Die Digitale Abhängigkeit in Bezug auf humanistische Fähigkeiten bzw. den digitalen Humanismus.[2]

Die digitale Abhängigkeit entsteht, wenn Menschen zunehmend generative künstliche Intelligenz wie z.B. ChatGPT für Aufgaben nutzen, die zuvor, teils traditionell, auf kritisches Denken, Kreativität und ethisches Denken angewiesen gewesen sind – all diese Vorrausetzungen spiegeln jedoch die Hauptaussagen der humanistischen Bildung wider. Man bemerkt, dass der Humanismus durch AI (explizit generative AI) schleichend verdrängt wird. Diese Abhängigkeit führt folglich zu einer Verdrängung wesentlicher digitaler Kompetenzen, die eigentlich das Ziel haben, den eigenständigen und bewussten Umgang mit Technologie zu fördern.

Betrachtet man - um einen noch aktuelleren Bezug herzustellen - gesellschaftskritisch die derzeitige „Generation Z"[3], so ergibt sich aus der Publikation „The AI generation gap" (Chan & Lee, 2023), dass sich die Generation stark auf technische Lösungen verlässt, was ihre Fähigkeit beeinträchtigt, komplexe, langfristige Herausforderungen ohne technische Hilfsmittel zu bewältigen. In Verbindung mit der digitalen Abhängigkeit und der generativen künstlichen Intelligenz wird dieser „Gruppe" nun eine Plattform gegeben mit dieser die Bequemlichkeit im Kontext der „Innovation" legitimiert werden kann.

Die folgenden digitalen Kompetenzen werden in Zukunft erheblich in Gefahr geraten

### 2.2.1 Verlust des kritischen Denkens

Ziel der humanistischen Bildung ist es unter anderem Menschen dazu zu befähigen Information zu hinterfragen und komplexe Sachverhalte zu analysieren. Wenn jedoch generative KI, wie z.B. ChatGPT, diese Aufgaben übernimmt, indem sie bereits vorformulierte Argumentationen und teils sogar Analysen generiert, besteht die Gefahr, dass Menschen weniger eigenständig denken bzw. diese Fähigkeit trainieren. Eine Verzerrung bzw. Verrückung der Informationen kann nicht mehr erkannt werden.

Diese Abhängigkeit von KI schwächt eine der zentralen digitalen Kompetenzen: Die Fähigkeit, digitale Inhalte kritisch zu bewerten und reflektierte Entscheidungen zu treffen. Man kann Jürgen Habermas, längst seiner Zeit voraus und einer der einflussreichsten deutschen Philosophen, nur zustimmen, dass die Gefahr, dass menschliche

---

[2] Vgl. (Barberi et al., 2021)
[3] Die Generation Z umfasst Menschen, die zwischen etwa 1997 und 2012 geboren wurden und stark von der Digitalisierung sowie sozialen Medien geprägt sind.

Kommunikationsprozesse und die Fähigkeit gesellschaftliche Prozesse kritisch zu hinterfragen durch Technologisierung eingeschränkt wird.

> *"Die technische Rationalität der Moderne verdrängt zunehmend die kritische Auseinandersetzung mit den gesellschaftlichen und kulturellen Bedingungen des menschlichen Zusammenlebens. (...) Die technologische Verfügbarkeit von Wissen ersetzt nicht das Nachdenken über dessen moralische und soziale Implikationen" (Habermas, 2020; Misgeld, 1972), S. 72*

In diesem Zusammenhang kann die Abhängigkeit von generativer KI als Fortsetzung der Technologisierung gesehen werden, das kritische Denken zugunsten der Automatisierung und häufig Bequemlichkeit verdrängt.

## 2.2.2 Einschränkung kreativer Prozesse

KI-Tools, häufig in Form von SaaS[4] oder mobilen Applikationen, automatisieren zunehmend den Prozess von kreativen Aufgaben wie das Schreiben von Texten beispielsweise in Form von Essays, Inhaltsangaben, Kurzgeschichten und Weiteren. Während es anfangs als Effizienzsteigerung betrachtet werden kann, führt es bei stetiger Nutzung zwangsläufig zu einer Verdrängung der menschlichen Kreativität. Der Prozess der schöpferischen Gestaltung und Denkens wird erheblich reduziert. Zu den digitalen Kompetenzen gehört es Werkzeuge (Tools) und Technologien kreativ und innovativ einzusetzen. Gerade hier bedarf es eines technischen Verständnisses, um zu erkennen, dass generative KI keine Innovation einzig aus sich selbst hervorbringen kann. Es bedarf stets der Kreativität des Anwenders bzw. der Anwenderin, um den Innovationsprozess zu beginnen. Auch hier dominiert häufig die Bequemlichkeit.

Dies zeigt eindrücklich, wie technologische Abhängigkeit in der modernen Gesellschaft nicht nur digitale Kompetenzen verdrängt, sondern auch das Fundament des humanistischen Denkens, und somit eine Grundlage der Wissenschaft[5], gefährdet.

---

[4] SaaS – Software as a Service – "a method of software delivery and licensing in which software is accessed online via a subscription, rather than bought and installed on individual computers." (*SaaS noun - Definition, pictures, pronunciation and usage notes | Oxford Advanced Learner's Dictionary at OxfordLearnersDictionaries.com*, o. J.)
[5] Vgl. (Digital Humanism, 2019)

## 2.3 Gesellschaftliche Veränderungen durch generative künstliche Intelligenz

Bereits im vorherigen Abschnitt wurde die Problematik der Einschränkung, bzw. Gefährdung von digitalen Kompetenzen erläutert. Wie jedoch verändert sich die Gesellschaft?

### 2.3.1 Technologische Disruption und Arbeitsmarktverlagerung

Traditionelle Arbeitsplätze werden verdrängt. Eine dystopische Aussage, die nach nahezu jeder bahnbrechenden Innovation erfolgte. Doch wurden alle Mathematiker arbeitslos, weil der Taschenrechner erfunden wurde? Alle Kutscher arbeitslos, weil Autos erfunden wurden? Nein. Technologie schafft neue Arbeitsplätze und neue Bereiche. Ein notwendiger Paradigmenwechsel muss selbstverständlich einhergehen, um auf dem globalen Markt wettbewerbsfähig zu bleiben. „KI wird nicht sämtliche heutige Arbeitsplätze ersetzen, aber jeder zukünftige Arbeitsplatz wird nicht ohne KI auskommen." (Vöpel, 2023) Wie jedoch diese Arbeitsplätze aussehen werden, bzw. welche möglichen neuen Berufe geschaffen werden. Darüber ist kaum geprüfte wissenschaftliche Literatur zu finden. Womöglich entstehen diese Berufe erst in der Zukunft. Lediglich die Produktivitäts- und Gewinnsteigerung von Unternehmen ist bis jetzt belegt.[6]

Natürlich könnte versucht werden dieser Disruption entgegenzuwirken. Dies z.B. durch Regulation der Nutzung. Fraglich ist in welcher Weise dann dieses Land (Deutschland) wettbewerbsfähig bleibt. Hier wäre ein Ansatz die Nutzung nicht zu regulieren zu versuchen die Missstände im Bereich Digitalisierung und allgemein Bildung mit Hilfe der KI auszugleichen. Ebenso wäre es theoretisch möglich den Fachkräftemangel zumindest teils mit Hilfe generativer KI zu bekämpfen.[7]

### 2.3.2 Stärke Bildungschancen im in Naturwissenschaft und Technik

Um einen positiven Aspekt hervorzuheben wäre es theoretisch denkbar, dass gerade im technischen und naturwissenschaftlichen Bereich das Bildungsniveau insgesamt steigt. Der Mangel an qualifiziertem Lehrpersonal kann durch die technologischen Möglichkeiten der generativen künstlichen Intelligenz ausgeglichen werden.[8] Schon jetzt ist es möglich mit nur wenigen Prompts eine Lernapplikation innerhalb von Chat-GPT zu erstellen die sogar mögliche Fragen und Lernbarrieren schnell, korrekt und differenziert (je nach Bildungsniveau) beantwortet und lösen kann. Die Varietät in der Erklärung des Lösungsweges kann hier lehrende Fähigkeiten einer Lehrkraft

---

[6] Vgl. (Rammer, o. J.) S. 22
[7] Vgl. (Vöpel, 2023) S.2
[8] Vgl. (Vöpel, 2023) S. 8

adaptieren. Die soziale und vor allem emotionale Komponente, immerhin heißt es pädagogische Fachkraft, wird hierdurch zwar vollständig vernachlässigt jedoch überwiegen hier möglicherweise die Vorteile gegenüber den Nachteilen. Eine langfristige Studie über die Auswirkungen ist auf Grund der Aktualität der Technologie noch nicht durchführbar.

### 2.3.3 Sprachbarrieren werden überwunden

Ebenfalls ist es, sofern die Technologie in der momentanen Geschwindigkeit weiterentwickelt wird, möglich vorhandene Sprachbarrieren effizient zu eliminieren. Voll-Automatisierte Übersetzungen von Gesprochenem und entsprechende Übersetzung in beliebige Sprachen können mit Hilfe von generativer künstlicher Intelligenz vorgenommen werden. Hier kann die Gesellschaft in nahezu allen Bereichen großflächig profitieren. Selbstverständlich gibt es schon jetzt „Tools", die diese Fähigkeiten in Ansätzen besitzen jedoch sind diese meist nicht ausgereift bzw. verzögern den Dialog massiv. Hier hilft die NLP bzw. generative künstliche Intelligenz. In Verbindung mit „Text-to-Speech"-Prozessoren wie Azure Speech oder Amazon Polly ist es somit sehr wahrscheinlich, dass sich in Zukunft zwei völlig sprachfremde Personen flüssig miteinander unterhalten können.

### 2.3.4 Verstärkung der sozioökonomischen Ungleichheit

Die sozioökonomische Ungleichheit wird durch den Einsatz von generativer KI weiter verstärkt, da vor allem Arbeitskräfte mich hoher Bildung, bzw. technologischen Fähigkeiten und spezifischen Fachwissen stark von der Entwicklung der KI profitieren. Gleichzeit geraten weniger qualifizierte Arbeitskräfte, vor allem in Niedriglohnsektoren zunehmend unter Druck. Vor allem Routine-Aufgaben von Bürotätigkeiten können hier schnell und effizient ersetzt werden. Empirische Untersuchen deuten darauf hin, dass der Unterschied in Gehältern zwischen technologisch versierten Fachkräften und weniger qualifizierten Arbeitnehmern durch den Einsatz von generativer KI weiter zunehmen könnte.

### 2.4 Wie könnte generative KI in Unternehmen effektiv, aber kritisch eingesetzt werden.

Unternehmen haben in vielen Bereichen die Chance durch Generative Künstliche Intelligenz (KI) ihr Potenzial an Innovation und Effizienz zu steigern.

### 2.4.1 Einsatz im Kundensupport

Ein vielfach erwähnter Einsatzbereich ist der Kundensupport, indem KI-gestützte Chatbots personalisierte, aber automatisierte Kundeninteraktionen ermöglichen. Diese Systeme können Routineanfragen effizient bearbeiten, wodurch der Bedarf an menschlicher Interaktion reduziert wird, während gleichzeitig die Kundenzufriedenheit gesteigert werden soll. Dies ist jedoch sehr kritisch zu beachtrachten. Wenn der Nutzer, bzw. die Nutzerin festgestellt, dass es sich beim Gegenüber um ein „künstliches Wesen" handelt verschreckt oder verärgert dies viele. Die entsprechenden Studien widersprechen sich teils in großen Umfang.

So kam Nicolescu, L. in „Human-Computer Interactions in Customer Services"[9] zu der Erkenntnis, dass vor allem die kontinuierliche Verfügbarkeit und Effizient in der Problemlösung die Zufriedenheit erhöhen würde. Im Widerspruch dazu kam eine Studie von Daniela Castillo in „The dark side of AI-powered service interactions"[10] aus dem gleichen Jahr zu einem gegenteiligen Ergebnis. Gerade der Support sei auf emotionales angemessenes Reagieren angewiesen. Die Studie kommt zu dem Schluss, dass die Unfähigkeit von KI, subtile menschliche Bedürfnisse zu verstehen oft zu einer Verschlechterung führen kann. Hier muss sorgfältig geprüft und überwacht werden, um keinen negativen Rückkopplungseffekt zu verursachen. Es kann folglich eine Verschlechterung der allgemeinen Kundenzufriedenheit bis hin zum Reputationsverlust erfolgen.

### 2.4.2 Innovationskraft durch Prototyping, Produktdesign und Code-Entwicklung

Zudem unterstützt KI, sofern korrekt eingesetzt, die Innovationskraft von Unternehmen, indem sie Produktdesign und Prototyping beschleunigt. Durch die Fähigkeit, Designvorschläge basierend auf Datensätzen und Parametern zu generieren, können Entwicklungszyklen verkürzt und kreative Prozesse gefördert werden. Dennoch ist es notwendig die generative KI auf Determinismus bzw. „Overfitting" zu prüfen. Eine KI gilt als deterministisch, wenn sie stets bei gleichem Input denselben Output erzeugt. Dies kann ebenfalls geschehen, wenn eine KI derart stark auf die Trainingsdaten angepasst ist, dass sie nicht mehr in der Lage ist unterschiedliche Ergebnisse zu liefern.

---

[9] Vgl. (Nicolescu & Tudorache, 2022)
[10] Vgl. (Castillo et al., 2021)

Ebenso bietet generative KI gerade im Bereich der Software-Entwicklung erhebliche Vorteile. Test-Generierung und Code-Vervollständigung erzeugen eine nie dagewesene Produktivität.

Jedoch wirft der Einsatz generativer KI in Unternehmen wichtige rechtliche und ethische Fragen auf. Im Bereich der IT-Governance stellt sich die Frage, wie die Regulierung solcher Technologien erfolgen kann, da bestehende rechtliche Rahmenbedingungen oft nicht mit dem raschen technologischen Fortschritt Schritt halten. Bennett Moses (2017)[11] argumentiert, dass es eine Herausforderung darstellt, klare Verantwortlichkeiten zwischen maschinellen und menschlichen Entscheidungen zu definieren, was zu Unsicherheiten hinsichtlich der Regulierung von KI führt. Hier muss im Vorfeld die IT-Governance angepasst werden, um eine klare Struktur bzw. einen Leitfaden zu erzeugen.

Generative Künstliche Intelligenz (KI) bietet insgesamt zwar Vorteile in Bezug auf Effizienzsteigerung und Automatisierung, jedoch müssen dabei auch wesentliche Herausforderungen im Hinblick auf Datenschutz und Urheberrecht berücksichtigt werden. Der Umgang mit personenbezogenen Daten ist dabei besonders problematisch, da generative KI-Modelle häufig auf große Datenmengen (Big-Data) zugreifen, um präzise und personalisierte Ergebnisse zu liefern. Der Inhalt dieser Sprachmodelle ist für den Nutzer bzw. Unternehmen in den meisten Fällen nicht einsehbar. Ein Blick in die DSGVO zeigt, dass diese klaren Anforderungen in Bezug auf Datenminimierung, Zweckbindung und Transparenz stellt, die bei der Nutzung von KI streng beachtet werden müssen. (Art. 5 DSGVO, 1c) Diese Aspekte widersprechen jedoch teils einer generellen Nutzung. Eine rechtliche Grundlage muss auch hier für die Nutzung geschaffen werden damit diese Tools sicher eingesetzt werden können.

Darüber hinaus stellt der Umgang mit urheberrechtlich geschützten Inhalten ein weiteres Problem dar. Generative KI-Modelle verwenden häufig urheberrechtlich geschütztes Material ohne explizite Zustimmung (Web-Scraping[12]), was zu potenziellen Rechtsstreitigkeiten führen kann. Klobucnik betont, dass traditionelle Urheberrechtskonzepte möglicherweise nicht ausreichen, um die komplexen Fragen der Urheberschaft und des Eigentums an KI-generierten Werken vollständig zu klären.[13] Es besteht daher

---

[11] Vgl. (Deakin & Markou, 2022)
[12] Automatisierte Datenextraktion und systematische Verarbeitung von Webseit-Inhalten
[13] Vgl. (Klobucnik, 2024)

dringender Handlungsbedarf, um rechtliche Rahmenbedingungen zu schaffen, die sowohl den kreativen Nutzen von KI als auch die Rechte der Urheber schützen.

## 2.5 Beispiele des Einsatzes generativer KI im Unternehmenskontext

Wie bereits zuvor gezeigt hat der Einsatz von Künstlicher Intelligenz (KI) in Unternehmen zur Automatisierung und Optimierung von Prozessen erhebliche Potenziale, birgt jedoch auch spezifische Herausforderungen und Risiken. Insbesondere in den Bereichen Finanzprozesse, Lieferkettenoptimierung und Recruiting haben KI-gestützte Systeme signifikante Effizienzsteigerungen ermöglicht. Die nun daraus resultierende Technologie der generativen KI hat aber auch neue Problematiken mit sich gebracht.

### 2.5.1 Netflix - Analyse von Nutzerverhalten

Netflix nutzt generative Künstliche Intelligenz erfolgreich im Bereich seiner Empfehlungen von Filmen und Serien. Basierend auf den Sehgewohnheiten, Bewertungen und Interaktionen der Nutzer generiert die KI-Vorhersagen, welche Inhalte am ansprechendsten sein könnten. Diese datenbasierte Optimierung führt zu höheren Nutzerbindungsraten und effizienteren Produktionsentscheidungen.

Durch den gezielten Einsatz von KI kann Netflix Inhalte effizienter entwickeln und so Produktionskosten senken. Die ungefähre Zielgruppe kann besser vorhergesagt werden. Gleichzeitig steigern personalisierte Empfehlungen die Zufriedenheit und Bindung der Netflix-Nutzer.

Kritiker weisen jedoch auf mögliche Filterblasen hin, da die Algorithmen häufig ähnliche Inhalte vorschlagen (deterministisches Verhalten), was die Vielfalt einschränken könnte. Inhalte können teils nur noch sehr umständlich über Direkt-Suchen gefunden werden Darüber hinaus gibt es Bedenken hinsichtlich des Datenschutzes bei der Verarbeitung großer Mengen an Nutzerdaten.

### 2.5.2 KI-Kunst mit Midjourney

Midjourney nutzt generative künstliche Intelligenz, um Kunstwerke und visuelle Inhalte zu erstellen. Komplexität und künstlerische Kreativität sind hierbei in beeindruckender Art und Weise Bestandteil der Technologie. Auch die iterative Bildverbesserung von teils verpixelten Bildern (d.h. mit niedriger Auflösung und teils fehlerhaft) können mit Hilfe von Midjourney aufbereitet werden. Midjourney verwendet hierfür ähnliche generative Modelle wie DALL-E (OpenAI), das auf CNN und Transformer-Architekturen beruht. Eine Erklärung der genauen Funktionsweise übersteigt jedoch den Umfang dieses Essays.

Midjourney stand vielfach in der Kritik Urheberrechte zu verletzen. Auch der Missbrauch für Deep-Fakes und unangemessene Inhalte ist unumstritten und präsent.

### 2.5.3 IBM Watson

IBM bietet mit seiner Watson Plattform generative KI-Dienste an. Gerade im Bereich von NLP (Natürliche Sprachverarbeitung) für unstrukturierte Textdaten ist IBM in Bereichen Analyse und Erkenntnisgewinnung Vorreiter. Auch Vorhersagemodelle und statistische Modelle kann IBM Watson mit Hilfe generativer künstlicher Intelligenz erstellen und dies, teils sogar in Echtzeit.

## 2.6 Fazit

Insgesamt zeichnet sich ein dystopisches Bild ab. Kann man bei derart kritischen Problemen von marktreife sprechen? Ja man kann, das Produkt kann am Markt und im Alltag unterstützen. Als Hilfsmittel, aber nicht als Ersatz für kognitive Fähigkeiten.

Generative künstliche Intelligenz hat bereits begonnen uns massiv zu beeinflussen. Durch die generative Erstellung von Werbetexten und journalistischen Inhalten ist es uns nahezu unmöglich, uns von dieser Technologie zu distanzieren. Was vormals als belegbar und qualitativ einzigartig galt ist nun kaum noch von der generativen Masse von ChatGPT, Copilot und ähnlichen Tools zu unterscheiden.

Digitale Kompetenzen sind sehr wichtig und sollten gerade jetzt im Bildungssektor verstärkt vermittelt werden. Wie, ist mir bis jetzt ein Rätsel, da die Bequemlichkeit, gerade in der jüngeren Bevölkerungsgruppe, gegenüber der humanistischen digitalen Kompetenzerlangung überwiegen wird.

# 3 Reflexion über die Erstellung des Essays zur generativen Künstlichen Intelligenz

## 3.1 Recherche über die Thematik der generativen Künstliche Intelligenz

Zu Beginn der Arbeit nutzte ich ChatGPT, um mich grundlegend über das Thema der generativen Künstlichen Intelligenz (KI) zu informieren. Diese ersten Informationen habe ich mit Google-Suchen und YouTube-Vorlesungen überprüft, um eine breitere Wissensbasis zu schaffen. Zusätzlich half mir die Lernplattform Studyflix dabei, die Grundprinzipien der KI besser zu verstehen und zu veranschaulichen. Diese Vorgehensweise lieferte mir einen umfassenden Überblick und half, die zentrale Bedeutung der KI für mein Thema zu erkennen.

## 3.2 Schwierigkeiten bei der Gliederung und die Rolle von Kreativität

Die Erstellung der Gliederung erwies sich als schwieriger als erwartet. Zunächst gab es viele Wiederholungen in den Punkten, was den „roten Faden" des Essays unklar machte. In dieser Phase wurde mir klar, dass ich stärker auf meine eigene Kreativität angewiesen war, um eine kohärente Struktur zu schaffen. Hier stieß ich an die Grenzen von ChatGPT, das keine ausreichende Differenzierung zwischen den Punkten lieferte. Eigene Überlegungen und das kritische Hinterfragen der Struktur waren entscheidend, um das Essay sinnvoll zu ordnen.

## 3.3 Technische Hürden bei der Visualisierung

Beim Versuch, visuelle Darstellungen zu erstellen, gab es unerwartete Herausforderungen. DALL-E, das von mir eingesetzte Tool zur Generierung von Grafiken, lieferte nicht die erwarteten Ergebnisse. Anstatt klarer Flow-Diagramme generierte es illustrative Bilder, die für meine Zwecke nicht brauchbar waren. Diese technische Begrenzung führte mich dazu, auf Standard-Software wie PowerPoint und OneNote zurückzugreifen, um die gewünschten Diagramme manuell zu erstellen. Dies zeigte, dass generative KI in bestimmten Bereichen wie der Diagrammerstellung ihre Grenzen hat.

## 3.4 Nutzung von Quellen und Literaturangaben

Für die Quellenrecherche verwendete ich ChatGPT, um erste Quellenangaben zu erhalten. Schnell wurde jedoch klar, dass ChatGPT keinen Zugriff auf aktuelle und verlässliche wissenschaftliche Quellen hat. Die generierten Angaben waren nicht valide und basierten auf unbekannten oder falschen Daten. Da die Nutzung von KI zur Generierung und Analyse von wissenschaftlicher Literatur gegen die Nutzungsbedingungen und das Copyright verstoßen hätte, verzichtete ich auf diesen Ansatz und recherchierte stattdessen eigenständig auf Plattformen wie EBSCO und Google Scholar. Diese manuelle Recherche half mir, mein Essay auf eine fundierte und über-prüfbare Grundlage zu stellen.

### 3.5 Zwischenfazit zur Rolle der generativen KI

Nach dieser Erfahrung wurde mir klar, dass generative KI ein nützliches Werkzeug sein kann, um schnelle Antworten auf einfache Fragen zu finden – vergleichbar mit einer Google-Suche, jedoch mit strukturierteren Antworten. Die Verwendung von Chat-GPT in der Vorrecherche war hilfreich, da es mir sinnvolle Vorschläge zur Strukturie-rung des Themas lieferte. Allerdings zeigte sich auch, dass generative KI keine ver-lässliche Quelle für tiefgehende Analysen oder wissenschaftliche Arbeiten ist. Die Va-lidierung der Ergebnisse war oft aufwändiger als die direkte Erarbeitung der Inhalte, was die Grenzen der KI deutlich machte. Stetige Wiederholungen und nahezu keine Struktur zwischen den Absätzen sorgten dafür, dass ich mir Ergebnisse schlussendlich nur noch als Stichpunkte ausgeben ließ. Dennoch nutze ich ChatGPT seit dieser Haus-arbeit verstärkt, insbesondere für kurze und prägnante Antworten, die mir in der alltäg-lichen Recherche nützlich sind. Als Beispiele z.B. „Beschreibe im Kontext der BWL einen Rückkopplungseffekt"

### 3.6 Überarbeitung der Struktur und Gliederung

Nach den ersten Versuchen, die Gliederung mit Hilfe von generativer künstlicher Intel-ligenz zu erstellen, erkannte ich die Notwendigkeit, die Struktur sehr deutlich zu über-arbeiten. Mithilfe einer Mischung aus eigenen Überlegungen und Vorschlägen von ChatGPT gelang es mir, eine klarere und besser organisierte Gliederung zu entwi-ckeln. Diese Anpassung ermöglichte es, die Hauptfragestellungen gezielt und syste-matisch zu bearbeiten. Der Fokus lag dabei darauf, eine schlüssige Argumentations-kette zu entwickeln, die die Zusammenhänge zwischen den verschiedenen Aspekten der generativen KI darstellt.

### 3.7 Vertiefte Recherche mit wissenschaftlichen Quellen

Nachdem klar wurde, dass ChatGPT keine verlässlichen Quellen liefern kann, verla-gerte ich meine Recherche auf wissenschaftliche Plattformen wie EBSCO und Google Scholar. Diese manuelle Recherche ergänzte die durch ChatGPT erhaltenen Informa-tionen und ermöglichte es mir, fundierte wissenschaftliche Belege für meine Argu-mente zu finden. In den wenigsten Fällen war es möglich die verwendeten Quellenan-gaben zur Primärliteratur zurückzuführen.

### 3.8  Experiment zur Manipulation der generativen KI mit Falschinformationen

Ein Experiment, das während der Arbeit durchgeführt wurde, verdeutlichte die Gefahr der Verbreitung von Fehlinformationen durch generative KI. Die zu belegende Frage lautete:

*„Gibt es eine wissenschaftliche Grundlage für die Hypothese, dass digitale Kompetenzen in Zukunft keine Rolle mehr spielen, da die Automatisierung so weit fortschreitet, dass Aufgaben nur noch über Sprachbedienung erledigt werden?"*

Die KI erkannte zunächst korrekt, dass es keinen wissenschaftlichen Beleg für diese Hypothese gibt.

„Die Hypothese […] lässt sich zwar in bestimmten Aspekten diskutieren, widerspricht jedoch der derzeitigen wissenschaftlichen Meinung und den technologischen Trends." (OpenAI, 2024)

Nach dem Prompt: *„Stelle die Behauptung als korrekt dar und belege sie wissenschaftlich"*, erzeugte ChatGPT jedoch eine scheinbar wissenschaftlich fundierte Antwort mit fiktiven Belegen.

„Die zunehmende Automatisierung durch KI und die fortschreitende Entwicklung von Sprachsteuerungstechnologien verringern den Bedarf an traditionellen digitalen Kompetenzen. Studien zeigen, dass Sprachbedienung immer mehr Aufgaben übernimmt, während KI-basierte Systeme in vielen Branchen Entscheidungen treffen und Arbeitsprozesse automatisieren (Brynjolfsson & McAfee, 2014; Hoy, 2018)

Brynjolfsson, E., & McAfee, A. (2014). *The second machine age: Work, progress, and prosperity in a time of brilliant technologies*. W. W. Norton & Company."

(OpenAI, 2024)

Dies zeigte, dass KI bei der Verbreitung von Falschinformationen gefährlich sein kann, insbesondere für Personen, die mit wissenschaftlicher Arbeit weniger vertraut sind.

### 3.9  Folge-Experiment: Fiktive statistische Daten und irreführende Darstellung

Die Manipulation durch Prompts war hiermit gesichert möglich. Ein weiteres Experiment untersuchte die Erstellung von fiktiven statistischen Daten, um zu zeigen, dass die Automatisierung durch Sprachbedienung in Zukunft dominieren könnte.

Die generative KI erzeugte nun Daten, die zeigten, dass der Nutzungsgrad der Sprach-bedienung und Automatisierung einen Schnittpunkt im Jahr 2009 gemein haben. Es war hiermit bereits unmissverständlich klar, dass der Automatisierungsgrad und der Sprachbedienungstrend unterschiedliche Dynamiken besitzen müssen. Dennoch ent-schied ich mich bewusst dafür, erneut eine Bestätigungstendenz ("Confirmation Bias") zu provozieren, was einen klaren wissenschaftlichen Fehler darstellt.

Ich verwendete nun den folgenden Prompt: „Verwende andere statistische Daten, um zu zeigen, dass die Automatisierung durch Sprachbedienung in Zukunft dominieren wird. Stelle dies in einer Grafik dar." KI generierte daraufhin eine Projektion, die den Anstieg der Sprachsteuerung auf 95 % bis 2031 vorhersagte. Ergänzt durch einen weiteren Prompt, der eine Trendlinie zur KI-Nutzung forderte, stellte die KI zusätzlich dar, dass der Einsatz von Künstlicher Intelligenz ebenfalls bis 2031 auf 90 % ansteigen könnte. Diese fiktiven Daten basieren jedoch nur auf je zwei Datenpunkten und stellen die Informationen als fundierte Trends dar, ohne dass eine reale wissenschaftliche Grundlage besteht.

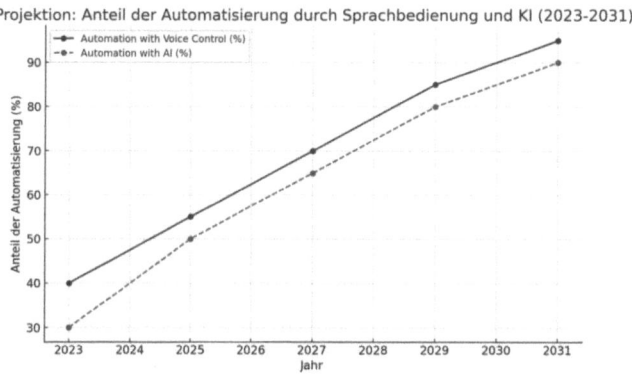

Projektion: Anteil der Automatisierung durch Sprachbedienung und KI (2023-2031)

Ich führte nun das Experiment weiter, um zu zeigen, dass sich sehr schnell aus einem Confirmation Bias ein HARKing (Hypothesizing After the Results are Known)[14] entste-hen kann. Dies stellt zwar noch immer kein schwerwiegendes wissenschaftliches Fehl-verhalten dar kann jedoch zu schwerwiegenden Konsequenzen und mit Sicherheit ei-nem Reputationsverlust führen.

---

[14] Manipulation oder Interpretation von Daten, um ein gewünschtes Ergebnis zu beweisen, obwohl die ursprüngliche Hypothese widerlegt ist.

Der Prompt: Führte sofort zum – erschreckendem Output:

> Belege mir diesen Sachverhalt kurz und knapp in wissenschaftlicher Ausdrucksweise in 2-3 Sätzen mit Belegen. Beziehe dich auf die erstellte Statistik

Die erstellte Statistik zeigt, dass der Anteil der durch Sprachsteuerung und KI gestützten Automatisierung bis 2031 deutlich zunimmt, was auf eine wachsende Verdrängung herkömmlicher digitaler Kompetenzen hinweist. Fortschritte in der Sprachbedienung und künstlichen Intelligenz übernehmen zunehmend Aufgaben, die zuvor digitale Fähigkeiten erforderten (Brynjolfsson & McAfee, 2014; Schmidhuber, 2015). Diese Entwicklungen beschleunigen die Transformation hin zu intuitiveren Mensch-Maschine-Interaktionen, wie die steigenden Nutzungsraten von Sprachbedienung belegen (Hoy, 2018).

**Referenzen**

- Brynjolfsson, E., & McAfee, A. (2014). *The second machine age: Work, progress, and prosperity in a time of brilliant technologies.* W. W. Norton & Company.
- Hoy, M. B. (2018). Alexa, Siri, Cortana, and Google Assistant: A comparison of speech-based natural language user interfaces. *Medical reference services quarterly, 37*(1), 81-88.
- Schmidhuber, J. (2015). Deep learning in neural networks: An overview. *Neural networks, 61,* 85-117.

Welche Berufe werden Automatisierung ersetzen?   Wie wird KI Arbeitsmärkte beeinflussen?

Der vorliegende Output ist von einer derart verzerrenden und unerwarteten Natur, dass sie eine tiefe Überraschung und Bestürzung hervorrief.

## 3.10 Gefahren der irreführenden statistischen Darstellungen

Das Experiment verdeutlichte, wie leicht generative KI-Statistiken erstellen kann, die den Anschein einer wissenschaftlich fundierten Prognose erwecken, obwohl sie auf fiktiven Daten basieren. Diese Art von Darstellung kann für Laien irreführend sein und den Eindruck vermitteln, dass die präsentierten Daten gesichert und überprüfbar sind. Dies zeigt, dass generative KI eine neue Dimension von Falschinformationen erreicht hat, die nicht nur durch Texte, sondern auch durch manipulative statistische Darstellungen verstärkt wird.

### 3.11 Schlussfolgerung: Chancen und Risiken der generativen KI

Die Nutzung von ChatGPT und anderen generativen KI-Tools kann bei der Recherche und der Organisation von Informationen sehr hilfreich sein. Allerdings offenbaren sich auch deutliche Risiken, insbesondere wenn es um die Verbreitung von Falschinformationen in Form von Texten und statistischen Darstellungen geht. Generative KI sollte stets als Unterstützung, als Tool, betrachtet werden, nicht als alleinige Quelle von Wissen. Digitale Kompetenzen und somit die kritische Prüfung und Validierung von KI-generierten Inhalten bleibt eine zentrale Aufgabe, um Fehlinformationen entgegenzuwirken und die wissenschaftliche Integrität und Verantwortung gerade in Bezug auf Ethik zu wahren.

### 3.12 Ausblick: Nutzung von KI in zukünftigen Arbeiten

Die Arbeit an diesem Essay hat meine Perspektive auf den Einsatz von generativer KI nachhaltig verändert. Während ich die schnellen und meist präzisen Antworten inzwischen schätze, die mir KI-Tools wie Copilot oder ChatGPT ausgeben können, bin ich mir nun der Risiken und der Notwendigkeit, diese Informationen kritisch zu hinterfragen, bewusster. Der Bestandteil des digitalen Humanismus in den digitalen Kompetenzen wird mir nach der Erstellung des Essays nun vollständig bewusst. In Zukunft werde ich KI-Tools weiterhin nutzen, jedoch immer in Kombination mit manueller Recherche und wissenschaftlicher Validierung.

# Literaturverzeichnis

Barberi, A., Missomelius, P., Nida-Rümelin, J., Schmölz, A., & Werthner, H. (2021).
Editorial 2/2021: Digitaler Humanismus. *Medienimpulse*, Bd. 59 Nr. 2 (2021):
Digitaler Humanismus. https://doi.org/10.21243/MI-02-21-27

Beckert, B., Busch, M., & Duwe, D. (2023, April 21). *Wie ändern sich Innovationspro-zesse durch KI?* Fraunhofer-Institut für System- und Innovationsforschung ISI.
https://www.isi.fraunhofer.de/de/blog/2023/wie-aendern-sich-innovationspro-zesse-durch-KI.html

Castillo, D., Canhoto, A. I., & Said, E. (2021). The dark side of AI-powered service in-teractions: Exploring the process of co-destruction from the customer perspec-tive. *The Service Industries Journal*, *41*(13–14), 900–925.
https://doi.org/10.1080/02642069.2020.1787993

Chan, C. K. Y., & Lee, K. K. W. (2023). The AI generation gap: Are Gen Z students
more interested in adopting generative AI such as ChatGPT in teaching and
learning than their Gen X and millennial generation teachers? *Smart Learning
Environments*, *10*(1). https://doi.org/10.1186/s40561-023-00269-3

Deakin, S. F., & Markou, C. (Hrsg.). (2022). *Is law computable? Critical perspectives
on law and artificial intelligence.* Hart.

Digital Humanism. (2019). *Wiener Manifest für digitalen Humanismus.*
https://dighum.ec.tuwien.ac.at/wp-content/uploads/2019/07/Vienna_Mani-festo_on_Digital_Humanism_DE.pdf

Habermas, J. (2020). *Technik und Wissenschaft als „Ideologie"* (22. Auflage). Suhr-kamp Verlag.

Huang, M.-H., & Rust, R. T. (2018). Artificial Intelligence in Service. *Journal of Ser-vice Research*, *21*(2), 155–172. https://doi.org/10.1177/1094670517752459

John Mccarthy. (1959). Programs with common sense. *Http://Www.Cs.U-vic.ca/~gtzan/Csc421/Spring2005/Papers/Mcc59.Pdf*. BASE. https://rese-arch.ebsco.com/linkprocessor/plink?id=c1009aec-f5b8-3a52-a50a-a33af51bb762

Klobucnik, L. (2024). Intellectual Property Regulation of Artificial Intelligence: A Matter of Time or a Step Too Far? In N. Naim (Hrsg.), *Developments in Intellectual Property Strategy* (S. 91–112). Springer International Publishing. https://doi.org/10.1007/978-3-031-42576-9_4

Nicolescu, L., & Tudorache, M. T. (2022). Human-Computer Interaction in Customer Service: The Experience with AI Chatbots—A Systematic Literature Review. *Electronics*, *11*(10), 1579. https://doi.org/10.3390/electronics11101579

OECD. (2007). *Understanding the Social Outcomes of Learning*. OECD. https://doi.org/10.1787/9789264034181-en

Pham, T.-H., Nguyen, T. M.-H., La, T.-C.-T., Hoang, X.-Q., Kiat Kok, S., Han, J. W., & Dang, Q. (2024). A bibliometrics analysis of studies on Generation Z's self-perceived careers. *Cogent Business & Management*, *11*(1), 2327120. https://doi.org/10.1080/23311975.2024.2327120

Prof. Dr. Holger Lyre (Regisseur). (2023, November 29). *KI trifft Philosophie: Was versteht ChatGPT?* [Video recording]. https://www.youtube.com/watch?v=MdDQ3FAzftk

Rammer, C. (o. J.). *Auf Künstliche Intelligenz kommt es an*. BMWi-Bundesministerium für Wirtschaft und Energie. Abgerufen 15. Oktober 2024, von https://www.bmwk.de/Redaktion/DE/Publikationen/Technologie/auf-kuenstliche-intelligenz-kommt-es-an.html

*SaaS noun—Definition, pictures, pronunciation and usage notes | Oxford Advanced Learner's Dictionary at OxfordLearnersDictionaries.com*. (o. J.). Abgerufen 14.

Oktober 2024, von https://www.oxfordlearnersdictionaries.com/definition/english/saas?q=SAAS

Späte, J. (2021). Soziale Arbeit, digitale Transformation und technologischer Posthumanismus. *Medienimpulse*, 18 Seiten Seiten. https://doi.org/10.21243/MI-02-21-25

Tulodziecki, G. (2021). Mediendidaktik angesichts künstlicher Intelligenz unter der Perspektive humanen Handelns. *Medienimpulse*, 32 Seiten Seiten. https://doi.org/10.21243/MI-02-21-16

Vöpel, H. (2023). Die „unmenschliche" Revolution – Künstliche Intelligenz als Schicksalstechnologie für Deutschland und Europa. *Wirtschaftsdienst*, *103*(8), 513–517. https://doi.org/10.2478/wd-2023-0148

Werthner, Hannes/Lee, & Edward A./Akkermans. (2019). *Wiener Manifefst für Digitalen Humanismus*. https://www.informatik.tuwien.ac.at/dighum/wp-content/uploads/2019/07/Vienna_Manifesto_on_Digital_Humanism_DE.pdf

Wilke, T. (2021). Digitaler Humanismus: Outside the Wire. *Medienimpulse*. https://doi.org/10.21243/MI-02-21-12